Myrna van Meer

Olga, geliebte Königin,

noch glühe ich für einen Sternenkuß...

38 + 1 Gedichte
Aufzeichnungen und Skizzen

Myrna van Meer

Όλγα, βασίλισσα,

θυμάσαι που σε φίλησα;

38 + 1 ποιήματα

σημειώσεις και σκίτσα

Bibliografische Information der Deutschen
Nationalbibliothek:
Die Deutsche Nationalbibliothek verzeichnet diese
Publikation in der Deutschen Nationalbibliografie;
detaillierte bibliografische Daten sind im Internet über
http://dnb.dnb.de abrufbar.

© 2019 Myrna van Meer

Herstellung und Verlag: BoD – Books on Demand,
Norderstedt

ISBN: 978-3748121725

Die mich ganz bunt umwarben –
Starben…
Else Lasker-Schüler

Πρόλογος

Όλοι αυτοί που για δεκαετίες αγάπησα, φεύγουν σιγά-σιγά απ᾽την ζωή. Μερικοί που ζούν ακόμη, οδεύουν κι᾽αυτοί, δίχως άλλο, βήμα ταχύ, προς το αναπόφευκτο Τέλος. Αργά μα σταθερά έχουν αρχίσει το τελευταίο μέρος του ταξιδιού τους προς την αιωνιότητα. Έτσι, σχεδόν ανεπαίσθητα, η μοναξιά ορθώνεται μπροστά μου ψιθυρίζοντας μέσα σ᾽έναν κόσμο, που με τον καιρό γίνεται όλο και πιο αφιλόξενος και παράλογος.

Έτσι, όταν ο πατέρας μου έφυγε για το τελευταίο του ταξίδι, αναζήτησα προσωρινή παρηγοριά στην μακρόχρονη 24χρονη αλληλογραφία μας. Ατελείωτα γράμματα, που έφθαναν σχεδόν καθημερινά για να με συνοδεύουν, να με φροντίζουν εκεί που ήμουν μόνη... Μαζύ τους και ποιήματα, σημειώσεις, σκίτσα, ζωγραφιές, αποκόμματα εφημερίδων…, τα περισσότερα ως επί το πλείστον δίχως σχόλια, διότι «γνώριζε» ότι «γνώριζα», περί «τίνος πρόκειται» κάθε φορά, αφού μιλούσαμε τακτικά και στο τηλέφωνο…

Όταν, μετά θάνατον, αντιμετώπισα ξαφνικά και εντελώς αναπάντεχα μίσος, ζήλεια, φθόνο και μια ασυγκράτητη πρόθεση για εκδίκηση όλων εκείνων, που αθέλητα «κληρονόμησα», τρόμαξα. Είδα να εκτυλίσσεται μπροστά μου, σαν ένα είδος «οικογενειακής υποθήκης», ένα περίεργο θέατρο του παραλόγου με πρωτ-αγωνιστές όλους εκείνους, που με βλοσυρό μάτι για δεκαετίες ολόκληρες παρακολου-θούσαν και σιωπηρά «ηνέχοντο» την αγάπη, την φροντίδα και την ατελείωτη αφοσίωση του πατέρα μου σε μένα. Απότομα και απρόσμενα βέβαια, αντελήφθην, τις υπο-χθόνιες προθέσεις τους, μην ημπορώντας ακόμη καλά-καλά να πιστέψω συγχρόνως, σε τι είδους δόλια «κατορθώματα» ήταν σε θέση να προβούν. Και αυτό, μόνο και μόνον για να με βλάψουν και να με εκδικηθούν – γιατί;;; - Για κάτι, που εγώ προφανώς δεν είχα ουσιαστικά καν πράξει…, κάτι για το οποίον όμως εκείνοι με θεωρούσαν «υπαίτιο και συνεργό»! Ήταν κυριολεκτικά απίστευτο, κι' όμως αληθινό! Καθημερινή ψυχρολουσία!

Απροετοίμαστη μπροστά σ' αυτήν την καταιγιστική εξέλιξη-«έκπληξη» παρακολουθούσα, όλους αυτούς τους ειδεχθείς κόλακες και φτηνούς τσανακογλείφτες, που κάποτε τριγύριζαν τον πατέρα μου εν ζωή. Τότε προσπαθούσαν με κάθε τρόπο να ανακαλύψουν την όποια μου επιθυμία, με μόνον οππορτουνιστικό σκοπό να την ικανοποιήσουν. Με αυτόν τον τρόπο ήλπιζαν να αποσπάσουν κάποια «επιβράβευση» από τον πατέρα μου, γνωρίζοντας βεβαίως πολύ καλά, με πόση αφοσίωση με αγαπούσε... Τώρα, όλα αυτά τα υποκριτικά ερπετά, όλα αυτά τα «ανθρωπάρια», όπως τους ονόμαζε κατά καιρούς ο πατέρας μου εν ζωή, μεταμορφώθηκαν ξαφνικά σε ζωντανά τέρατα, σε άγρια θεριά που κυριολεκτικά χίμηξαν απάνω μου να με κατασπαράξουν...

Όλο αυτό το συνονθύλευμα των φτηνιάρικων ανάξιων έρριξε αιφνίδια όλες τι μάσκες της υποκρισίας και απεκάλυψε, εν μία νυκτί, μια ατελείωτη κακία και απύθμενη εχθρότητα απέναντί μου. Προφανώς επρόκειτο για ένα είδος ακράτητης, αληθινά αχαλίνωτης, εκδίκησης για όλην αυτήν την αγάπη, που τόσα χρόνια, ως «ανήμποροι» θεατές παρακολουθούσαν. Την αγάπη που αναγκαστικά «κατάπιναν» βουβά και προφανώς ηνέχοντο, μην έχοντας άλλη περαιτέρω επιλογή...

Τώρα πιά τα πράγματα είχαν αλλάξει άρδην! Ο πατέρας μου είχε φύγει για το μεγάλο ταξίδι του χωρίς επιστροφή... Τα μαύρα κοράκια ανεκάλυπταν την εύκολη, καθ᾽ό απροστάτευτη, λεία τους. Εγώ δεν ήξερα πλέον από πού να πιαστώ...

Έχοντας, λοιπόν, περιέλθει αναπάντεχα σ᾽ αυτήν την απρόσμενη κατάσταση, αναζήτησα αυτομάτως σωτηρία στο καταφύγιό μου, εκεί που πάντα την εύρισκα από μικρή: στον πατέρα μου! Και επειδή ο μπαμπάς δεν υπήρχε πιά σαν βιολογική οντότητα, αναζήτησα και βρήκα βοήθεια και συμβουλή στην πνευματική του ύπαρξη, σε ότι πλουσιοπάροχα, όπως πάντα, είχε αφήσει πίσω του. Έτσι συνέταξα αυτήν την μικρή ποιητική συλλογή με ιδιόγραφα σκίτσα και μερικές προσωπικές σημειώσεις, που απευθύνονταν αποκλειστικά σε μένα.

Απλοί στίχοι και στροφές που μαρτυρούν την άνευ όρων αγάπη του, την λύπη του και την νοσταλγία του, όπως και την χαρά του για τις στιγμές που ζήσαμε μαζύ - εκείνος και εγώ. Πάντα με αυτοκριτική και με μία δόση ειρωνείας, που και που, περιγράφει επίκαιρα προσωπικά, ιδιωτικά αλλά και επαγγελματικά γεγονότα, αποτυπώνει κοινωνικές στιγμές, εκφράζοντας με ειλικρίνεια μελαγχολικές απογοητεύσεις και ανεκπλήρωτες ελπίδες.

Η άνευ όρων αγάπη του συνοδεύει τα πάντα, η ειλικρινής κριτική του με βοηθά να αντιληφθώ έστω και τώρα, όλα όσα για δεκαετίες με αφέλεια ήθελα - και προ πάντων ήμουν «εξ υπεράνω» σε θέση - να αγνοώ, για να ζω ανέμελα. Ήμουν σε θέση, βέβαια, γιατί είχα τον μπαμπά στο πλευρό μου, πάντα έτοιμο να «τραβήξει το σπαθί του» για να με υπερασπιστεί… Αυτή ήταν η αυτονόητη πολυτέλεια, την οποία ζούσα καθημερινά…

Με λύπη και νοσταλγία τώρα, αλλά και με ευγνωμοσύνη, ευθυμία και χαρά, αναπολώ τα 48 χρόνια της ζωής, που με συνόδευσε. Διότι η νοσταλγία, η ευθυμία και η ευγνωμοσύνη μαρτυρούν και αποδεικνύουν συν τοις άλλοις, ότι σ'αυτήν την ζωή αξιώθηκα να νιώσω τόση αγάπη, τόση απεριόριστη ομορφιά, να δεχθώ τόσο πλουσιοπάροχα δώρα, τόσα μαθήματα ανθρωπιάς και απέραντης τρυφερότητας, που τώρα γίνονται έρεισμα για να κρατηθώ στις αναπάντεχα δύσκολες στιγμές, που αντιμετωπίζω.

Έτσι λοιπόν επαφίεμαι στην προσεκτική ευαισθησία των αναγνωστών αυτής της μικρής συλλογής. Τους παραδίδω και τους εμπιστεύομαι με συγκίνηση τους στίχους που ακολουθούν μαζύ με σκίτσα και σημειώσεις.

Παρίσι, 14. Ιουλίου 2019

11 Ἰουλίου 1979

Εὐχὲς στὴ γιορτή τῆς κόρης μου.

Ἡ Ὄλγα ἡ βασίλισσα,
γυναῖκα τ' ἄρχοντα Ἰγκόρ,
ἔζησε εἰς τὸ Κίεβο
ἐδῶ καὶ χίλια χρόνια,
κάνοντας ἄξια ἔργα.

Ἡ Ὄλγα μου, ἡ πριγκήπισσα,
ζεῖ τώρα· καὶ τῆς εὔχομαι
—πρώτη φορά μακριά της—
Χρόνια πολλά νὰ ζήσει,
γερή, χαρούμενη, καλή.
Νἄχει ὅ,τι ζητήσει.

        Ὁ Πατέρας Σου,

            G. (Der Vize-Präsiden

Καὶ νὰ θυμᾶσαι
πὼς:
    Ὁ ἥλιος ὁ χρυσὸς εἶσαι μονάχα Ἐσύ...

14

Όλγα, βασίλισσα,
θυμάσαι που σε φίλησα;

Η Όλγα, η βασίλισσα,
γυναίκα τ᾽ άρχοντα Ιγκόρ,
έζησε εις το Κίεβο
πριν χίλια χρόνια τώρα.

Η Όλγα μου, η πριγκίπισσα,
ζει τώρα – και της εύχομαι
πολλά χρόνια να ζήση!

Γερή, χαρούμενη, καλή,
Νάχει ό,τι ζητήσει

11 Ιουλίου

του τάδε και του τάδε έτους

Είν' η γιορτή σου σήμερα
Λουλούδι μου μυρωμένο!

Πόσες και πόσες αναμνήσεις
μου φέρνει τούτ' η μέρα
της ονομαστικής σου της γιορτής...

Έντεκα Ιουλίου
του τάδε και του τάδε και του τάδε
έτους...

Ζέστη και σκόλη.
Αργούσαν τα σχολεία.

Το ξύπνημά σου αργά.

Φιλάκια στο κρεβάτι και ευχές πολλές.

Δώρα απ᾿ όλους: Λουλούδια,

χρήματα, γλυκά, φορέματα κι᾿ άλλα…

Το κέντρο της ζωής μου, Σύ,

γινόσουν το επίκεντρο…

Χάδια και όνειρα

και σχέδια και ευχές πολλές

που γέμιζαν και σπίτι και ψυχές

με ευφροσύνη, με αίσθηση γλυκειά

μιας σχεδόν σίγουρης αναμονής

για μια καλύτερη, πιο ώμορφη ζωή

- δική σου και δική μου…

Αυτά στις έντεκα Ιουλίου

του τάδε και του τάδε έτους…

Σήμερα, έντεκα πάλι Ιουλίου,
που πέρασε - και ήτανε το χτές —
δεν αντηχεί το σπίτι από φωνές,
η εξώπορτά μας δεν ανοιγοκλείνει
κάθε τόσο,
λουλούδια και γλυκίσματα
για να δεχτή,
ούτε μεσ' την κουζίνα ακούγεται
η φασαρία, η χαρμόσυνη,
της προετοιμασίας
ωραίων φαγητών.

Η μουσική που βγαίνει απ' την κασέτα,
μάλλον την ερημιά υπογραμμίζει,
αυτήν που θάπρεπε να διώξει .

Το σπίτι ερήμαξε

- μαζύ και η ψυχή μου-

χωρίς την παρουσία της

εορταζούσης…

Είναι τουλάχιστον η εορτάζουσα

σήμερα ευτυχισμένη;

Είθε!

Εἶναι τουλάχιστον ἡ "ἑορτάζουσα„
σήμερα εὐτυχισμένη;
    Εἴθε. Αὐτό θ'ἀρκοῦσε.

Μαρούσι 11-7-80, Παρασκευή 12μεσ.

G

Εἶναι ἡ ἑορτάζουσα εὐτυχισμένη;
Τη Μένξα τη Θαλάσσης την ἀρχοντική,
μὲ τὶ ψηλὲς τὶς σκάλες
καὶ τοὺς διαδρόμους μὲ τὰ κόκκινα χαλιά,
μὲ τὰ ψηλά τὰ πολυέλαιοι
καὶ τὸ γέμισμα τῶν σοφάν στοὺς τοίχους;
Τὸ κρυσταλλένιο γέλιο της
ἱ ζαλίζει μέσ' ἀπὸ τὴν καρδούλα της;
Νοιώθει γερή, ἀνάλαφρη, χαρούμενη;
Ἀσύδοτη ἀγάπη γύρω της
ποὺ νὰ τὴ δίδει κολάζεια;
Κι ἄρα γε, μᾶς δοκάτα; *G*

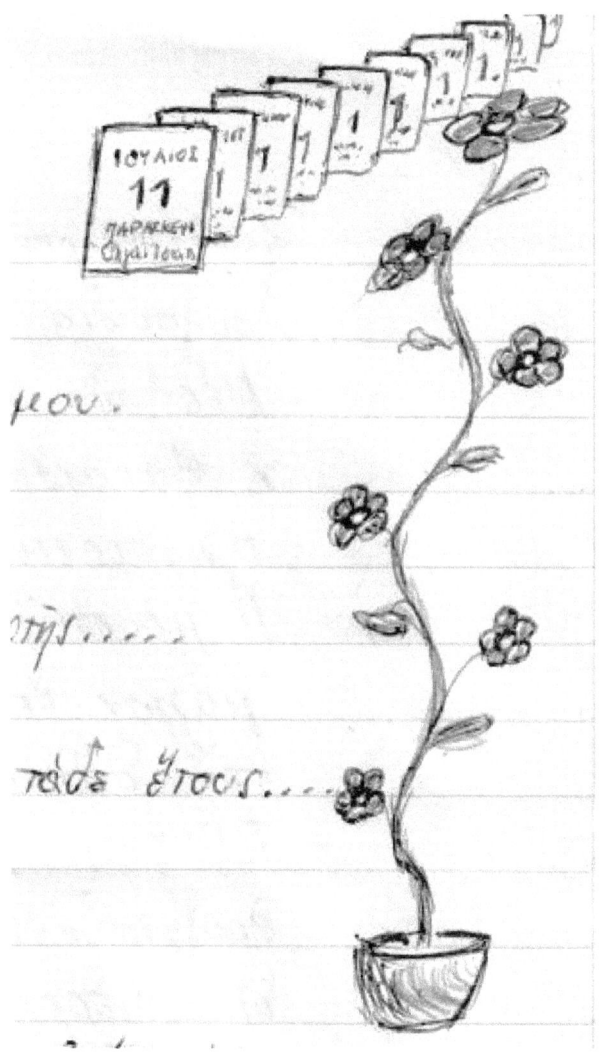

ΙΟΥΛΙΟΣ
11
ΠΑΡΑΣΚΕΥΗ
Ολυμπίους

μου.

στής.....

τὰ δε έτους.....

21

Τα 18 σου χρόνια…

Λουλούδι και Φώς.

Εσύ.

Χαρά και Ελπίδα.

Για με.

Στην αντάρα της ζωής μου,

που στις φλόγες μέσα ξεκίνησε

και πέρασε

γεμάτη κόπο, στέρηση, ανασφάλεια

πείνα και πόλεμο –

σφραγισμένη απ' το χαμό

του κάθε αγαπημένου,

ο Ερχομός σου στάθηκε

μια μαργαριταρένια στιγμή

γεμάτη χρυσές ανταύγειες,

ιριδισμούς και αποχρώσεις.
Στάθηκε η Χαρά και η Ελπίδα
πως η Μοίρα μου άλλαξε –
επί τέλους!

Κορούλα μου – Θεέ μου –
σ᾽ ευχαριστώ.
Για ό,τι έννοιωσα για Σε
και από Σε.
Για ό,τι θέλησα
για ό,τι μπόρεσα να δώσω.
Για την Πίστη και τη Δύναμη
που η παρουσία σου
Χρόνια Δεκαοκτώ
στην καρδιά μου και στο σπίτι
-μέσα μου και δίπλα μου –
εχάρισε και στους δυό μας.

Σ᾽ ευχαριστώ για την Ελπίδα
που με στήριξε
και για τ᾽ Όνειρο που έπλασα
για Σένα –
που ήταν και δικό μου.

Χρόνια Δεκαοκτώ…

Ελπίδα κι᾽ Όνειρο,
δεν σβήσανε ποτέ
-πώς γίνεται; -
Όμως… πώς να στο ειπώ;

Με σένα μακρυά
νοιώθω συχνά
πίσω πως γύρισα –
στην εποχή τη σφραγισμένη
απ᾽ το χαμό του κάθε αγαπημένου.

Νοιώθω συχνά

σα νάκλεισε η παρένθεση

η μαργαριταρένια

- **Χρόνια Δεκαοκτώ…** πολλά,

πάρα πολλά για με… δε βρίσκεις; -

Η Μοίρα παίζει πάλι

το παιχνίδι της, το ίδιο, στα στερνά

παίρνοντας πίσω ξαφνικά

το Τελευταίο μου Έρεισμα.

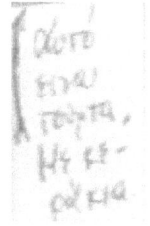

Νὰ θυμᾶσαι....

Νὰ θυμᾶσαι ψυχή μου συχνά
τοῦ τρυφεροῦ χεριοῦ τὸ κράτημα
ποὔμοιαζε νὰ κρατᾶ τὴ ζωή.

Νὰ θυμᾶσαι καρδιά μου συχνά
τὸ βλέμμα·
ποὺ σὲ χάιδευε γλυκά,
γαληνεύοντας τὶς τόσες τρικυμίες σου.

Νὰ θυμᾶσαι ὅσο ζήσεις συχνά
τὴ μουσικὴ τῆς φωνούλας,
τῶν μενεξέδιων ματιῶν τὸ ἄγγιγμα,
τῆς παρουσίας τὴν τρυφερότητα
καὶ τῆς ἀπεδόφαψαι τὸ ἄρωμα.

Νὰ θυμᾶσαι συχνά, ὅσο μπορεῖς,
τῶν περασμένων ἡμερῶν τὴν Εὐτυχία...
Καὶ νὰ ζεῖς.

Μαραῶνι 26-7-1980

G.

Στὴν Ὁμοῦλα μου ποὺ βρίσκεται τώρα
στὴν Οὐφάλα,—

Να θυμάσαι

Να θυμάσαι ψυχή μου συχνά
του τρυφερού χεριού το κράτημα
πούμοιαζε να κρατάς τη ζωή.

Να θυμάσαι καρδιά μου συχνά
το βλέμμα
που σε χάϊδευε γλυκά,
γαληνεύοντας τις τόσες τρικυμίες σου.

Να θυμάσαι όσο γίνεται συχνά
τη μουσική της φωνούλας,
των μεταξένιων μαλλιών το άγγιγμα,
της παρουσίας την τρυφερότητα
και της ατμόσφαιρας το άρωμα.

Να θυμάσαι συχνά, όσο μπορείς,

των περασμένων ημερών την Ευτυχία...

Και να ζεις.

Μαρούσι, 26-7-1980

J

Στην Ολγούλα μου που βρίσκεται τώρα

στην Ουψάλα

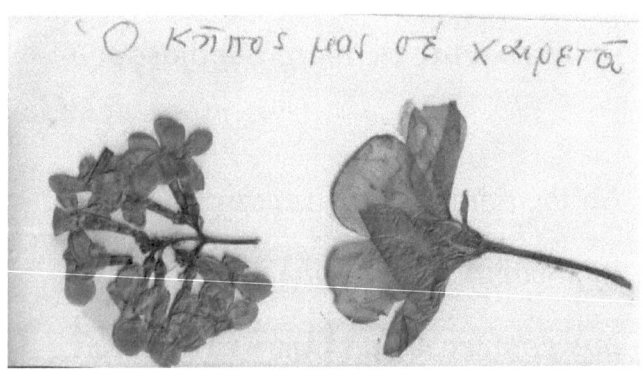

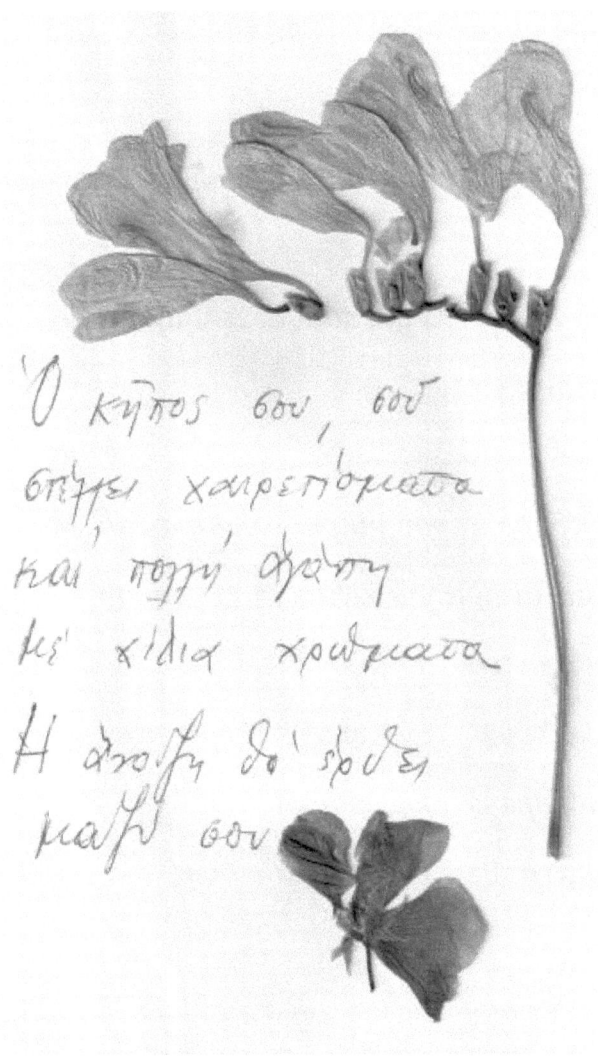

Ὁ κῆπος σου, σοῦ
στέλνει χαιρετίσματα
καὶ πολλή ἀγάπη
μὲ χίλια χρώματα
Η ἀγάπη δὲ σβύνει
μαζί σου

ΖΩ

Δύναμη, ανίκητη, που με κρατάς στη ζωή.

Αγάπη – προστασία σε πλάσμα
που αγαπώ.

Κορούλα μου μικρή γεμάτη ωραίες ιδέες
κι᾿ όνειρα για κατάκτηση κόσμου
ιδανικού
γαλήνης, ευγένειας, πνεύματος,
ωμορφιάς, καλωσύνης
και ανθρώπινης δικαιοσύνης.

Ελπίδα – αντίσταση στης φοβερής μου
μοίρας την ιστορία, της ιστορίας

που μιλάει και για το σήμερα και
-ασφαλώς, μα δεν το παραδέχομαι-
και για του αύριο την μοίρα.

Αγώνας – ρουτίνα για το κύλισμα της
κάθε μιας ημέρας που μαζύ της
κυλά η αγάπη και η ελπίδα.

Δύναμη, εσύ, ακατανίκητη, στέκω μπροστά
σου νικημένος – τι ντροπή- και ΖΩ.

Στο Φως και τη Χαρά

Σφυρίζει πάλι απόψε ο αγέρας –
χώνεται αναιδώς στο σπίτι μέσα
τα πάντα αγκαλιάζοντας
ανεπιτρέπτως…

Χώνεται από κάθε χαραμάδα κι'
άνοιγμα…
-οι χαραμάδες και τα' ανοίγματα
τώχουν αυτό: αφήνουν κάθε Αγέρα
να περνά μέσα σε κάθε Σπίτι –

Μια πόρτα – ποια; - ακούγεται,
χτυπώντας τρεμουλιάζει
στο κρύο άγγιγμα,

ενώ η κουρτίνα –απέναντι- μ᾽ ευγένεια
και χάρη να του ξεφύγει προσπαθεί.

-Αγέρα παγωμένε,
Ξένε και Βέβηλε στο Σπίτι μου αγέρα,
απόψε είσαι αδύναμος μπροστά μου!
Γιατί η καρδιά μου σήμερα γελάει
κι᾽ είν᾽ η ψυχή μου λαφριά σαν το πουλί.
Γράμματα τρυφερά διάβασα σήμερα
και φωνές άκουσα χαρούμενες.
Σήμερα τραγουδώ, οραματίζομαι
έν᾽ αύριο γλυκό.
Απόψε, αγέρα, τα θυρόφυλλα
και την καρδιά μου
ορθάνοιχτα πάλι κρατώ
στο Φως και τη Χαρά.

Άφιξις

Σαν τ' ασημένιο το πουλί
που μέρες, νύχτες, μήνες,
επερίμενα
κάνοντας προσευχές και όνειρα
και σχέδια,
εφάνη ξαφνικά
να τρέχει στο διάδρομο
κόντρα απ' τον ήλιο που πήγαινε να δύσει
φωτισμένο,
κανένα έντονο συναίσθημα συγκίνησης
δεν με κατέλαβε.
Μια ήμερη, βαθειά ανακούφιση
πλημμύρισε τις φλέβες μου.

Το φως της μέρας
που χειμωνιάτικα τρεμόσβηνε
κείνη την ώρα
πλήθυνε ξάφνου.

Τα μάτια μου
σαν πιο μεγάλα, πιο ευκίνητα
τα ένοιωσα
και τις κινήσεις μου απαλές και σίγουρες.
Τα πόδια πιο γερά να με κρατούνε.

Ήμουνα, προφανώς, έτοιμος να σε δεχτώ.

Τότε, είδα τα μάτια σου
και ένοιωσα τα χέρια μου να σε κρατούν.

Σ' ευχαριστώ

Σ' ευχαριστώ για τη γλυκειά προσδοκία
του ερχομού σου,
για το τραγούδι που ήρθε ξανά
στα χείλη μου
όταν «πετούσα» προς το Ελληνικό.

Σ' ευχαριστώ για τη γαλήνη
που μου χάρισε η γλυκειά σου ματιά,
το απλό φιλί σου
- αγάπησα τ' αεροδρόμιο-

Σ' ευχαριστώ που έκανες το σπίτι μας
Πάλι ζεστό, χαρούμενο και ώμορφο
σαν πρώτα

- το ζαχαρένιο σπίτι
της ώμορφης νεράϊδας-

Σ᾿ ευχαριστώ που έδωσες ξανά
την αρχοντιά
στης Κηφισιάς τους δρόμους,
πούκανες το Μαρούσι
να φαντάζει ονειρεμένο.

Σ᾿ ευχαριστώ για τη γαλάζια
θάλασσα στ᾿ Αυλάκι,
για του Μαρκόπουλου το ηλιοβασίλεμα,
για τη σπιθάτη μυρωδιά του μούστου.

Σ᾿ ευχαριστώ πούκανες το φθινόπωρο
για δέκα μέρες

πίνακα από λουλούδια λαμπερά,

πολύχρωμα,

με σένα –πολύτιμη και σπάνια ορχιδέα-

μεσ' τη μέση.

Σ' ευχαριστώ για τη χαρά,

το γέλιο, την ελπίδα,

για τα προβλήματα, για την αναμονή

αυτού που θάρθει.

Σ' ευχαριστώ για Σ Ε Ν Α

                    που είσαι Ο Λ Α.

Un rêve de bonheur

Οι μέρες της Χαράς μου

Παρακαλώ σε, σπίτι μου παλιό,
που τόσα είδες
πίσω από την πόρτα σου να γίνονται
και δέκα μήνες τώρα έστεκες
άδειο και κρύο και βουβό
μ' αξιοπρέπεια στεγάζοντας
τη μοναξιά μου,
πρόσεξε τώρα τις ομιλίες, τις φωνές μας,
τις μουσικές και τις κινήσεις μας,
αγκάλιασε τα γέλια και τα χάδια μας
με σοβαρότητα και στοργή.

Αγκάλιασε και πρόσεξε και κράτησε
βαθειά μεσ' την πέτρινη καρδιά σου

των ημερών ετούτων της χαράς
της ιδικής μου
τις εικόνες και τους ήχους.

Και φύλαξέ τα.

Αλλ᾽ όχι μόνο για λογαριασμό σου.
Όχι μόνο για πλουτισμό
της τόσης σου της πείρας.

Φύλαξε κι᾽ ένα μέρος τους για μένα.
Να μου το δίνεις πίσω όταν το ζητώ,
σαν μείνουμε οι δυό μας, πάλι, μόνοι.

Σκοτείνιασε… Πού;

Τικ-τακ χτυπά το ρολόι
απ᾽ έξω αόριστες φωνές παιδιών.
Το μισοσκόταδο ώρμησε
με βιαστική επιφύλαξη.

Στο σπίτι ησυχία –
τίποτα δεν κινείται.
Στο μακρύ διάδρομο
η επερχόμενη νύχτα σαλεύει.

Στην σκέψη μου κενό,
στα πόδια κούραση,
τα μάτια καίνε,
η μοναξιά χορεύει.

Τα βιβλία με κυττάζουν

βουβά και φλύαρα.

Οι φωτογραφίες δεν μπορούν πια

να με δουν – σκοτείνιασε.

Μοναξιά

Ένας διαβάτης περνώντας
έσπασε τον πάγο του έρημου δρόμου,
της κρύας άσφαλτος τη χειμωνιάτικη
μελαγχολία
Ένας άνθρωπος
–κι' ας είχε άσπρα μαλλιά-
έκανε ζεστό το παγωμένο τζάμι
του παράθυρου…

Πού πήγαινε μέσ' το ξεροβόρι
με την κοκκινισμένη μύτη
τις ρυτίδες του κρύου και της ηλικίας
έντονα χαραγμένες ;

- Όπου «πάμε» όλοι, ανόητε…
Εκεί πηγαίνει κι᾽ διαβάτης σου…

Είναι φορές
—σαν τώρα καληώρα —
που δεν επιθυμώ να κάνω τίποτα.
Δεν θέλω να διαβάσω,
ούτε ν᾽ ακούσω, ούτε να ιδώ.
Δεν θέλω καν να σκέπτομαι…

Θάθελα μόνο το κεφάλι μου
να γείρω πάνω σε μια καρδιά
που να χτυπά για μένα
κι᾽ ένα χεράκι τρυφερό, κρατώντας,
να αποκοιμηθώ.

Στην κόρη μου - Στην Όλγα μου

Όταν ακούω τα πουλιά να κελαηδούν
στο πρωϊνό το ξύπνημα
με της αυγούλας τη δροσιά –
τότε που όλα γύρω είναι καθάρια…

Όταν, μετά ΄πο τη βροχή, η μυρωδιά
του πεύκου και τ΄αγιόκλημα
γεμίζουν τον αέρα και την ψυχή
μ΄ανασασμούς ζωής…

Όταν γλυκόηχη μουσική απλώνει
το πέπλο της το θεϊκό
τυλώντας όνειρα, πόνους κι΄αγωνίες,
διώχνοντας δαίμονες κακούς…

Όταν η Ελπίδα –στερνή εφεδρεία-

χαρίζει τη δύναμή της

στην προσπάθειά μου,

δίνει περιεχόμενο στην ύπαρξη

και σώζει από το Φόβο…

Τότε είναι που νοιώθω – **πάντα**-

πως είσαι

Σύ,

η κόρη μου, είσαι εκεί – **πάντα- Παρούσα**.

Μιά πεταλούδα, ὄμορφη,
—ἤτανε καφετιά
μέ πράσινες γραμμές—
μπῆκε στήν κάμαρά σου
ἀπ' τ' ἀνοιχτό παράθυρο.
Καί νόμισα πώς ήσουνα Εσύ!

Ἡ πόρτα ξάφνου κουδούνισε
ἔντονα, ζωηρά.
καί ἡ καρδιά μου χτύπησε.
Ενόμισα πώς ήσουνα Εσύ.

Κάποια φωνούλα
δροσερή ἀκούστηκε
ἀπό τό δρόμο φωνάζοντας
"μπαμπά"
Καί βγῆκα στό παράθυρο
νομίζοντας πώς ήσουνα ἐσύ

Μέσ' τ' ὄνειρό μου
ἕνα χεράκι τρυφερό
μέ χάιδεψε.
κι' ἄπλωσα νά τό πιάσω
νομίζοντας πως ήσουνα Εσύ.

Ενόμισα πως ήσουνα Εσύ

Μια πεταλούδα, ώμορφη,

-ήτανε καφετιά

με πράσινες γραμμές -

μπήκε στην κάμαρά σου

απ᾿ τ᾿ ανοιχτό παράθυρο.

Και νόμισα πως ήσουνα Εσύ!

Η πόρτα ξάφνου κουδούνισε

έντονα, ζωηρά

και η καρδιά μου χτύπησε.

Ενόμισα πως ήσουνα Εσύ.

Κάποια φωνούλα δροσερή

ακούστηκε από το δρόμο φωνάζοντας

«μπαμπά»

Και βγήκα στο παράθυρο

νομίζοντας πως ήσουνα Εσύ.

Μεσ' τ' όνειρό μου

ένα χεράκι τρυφερό

με χάϊδεψε

κι' άπλωσα να το πιάσω

νομίζοντας πως ήσουνα Εσύ.

Για την Όλγα

Έφυγες πάλι… όπως τόσες φορές…

Έμειναν όμως εδώ τα μάτια σου.
Έμεινε το γλυκό σου βλέμμα
- με κάποιες σκιές αγωνίας ; -
και το δροσερό σου γέλιο,
παλιάς ξενοιασιάς υπόλοιπο
και αισιοδοξίας δείγμα.

Έμεινε ακόμα και το χάδι
του τρυφερού χεριού σου
- κάτι σαν «έχε-γειά» -

Έμειναν εδώ όλα αυτά

για να με συντροφεύουν

έως την Ά ν ο ι ξ η.

Την Άνοιξη που ακολουθεί

τον μακρό Χειμώνα της **Απουσίας** σου.

Μαρούσι 14 Σεπ. ΄97

(Στις 25 του μηνός, κλείνουν 19 χρόνια που έφυγες)

20.1.2001

Τώρα, που τα 19 χρόνια έγιναν 22 και διανύουμε το 23ο, βρήκα αυτό το σημείωμα-κλάμα σκαλίζοντας τα «χαρτιά» μου. Απεφάσισα να στο στείλω –μια και απευθύνεται σε σένα- για να με θυμάσαι. Και να θυμάσαι την Απουσία σου, την οριστική και καθοριστική.

ΠΟΛΥΧΡΟΝΗ ΚΑΙ ΕΥΤΥΧΙΣΜΕΝΗ

Έχε γειά J.

-Αποφεύγω, όπως ίσως ξέρεις, να γυρίζω στα παλιά, για να μην πονέσω και άλλο. Όμως σήμερα ξαναγύρισα και σκάλισα παληές πληγές.

Το Χριστουγεννιάτικο δέντρο απέναντί μου κατάφωτο (το άναψε η μαμά σου, που τώρα ετοιμάζει το γλυκό σου στην κουζίνα).

Στο γραφείο που κάθομαι, δίπλα μου, η φωτογραφία σου των 18 χρόνων, χαμογελά ευτυχισμένη με την αναμονή της «εξόρμησης». Έτσι, ξαναγύρισα. Σκάλισα παληά χαρτιά και βρήκα αυτό. J.

Μαρούσι 14 Σεπ. '97

Για την Όλγα

"Έφυγες πάλι.... όπως τόσες φορές....
"Έμειναν όμως εδώ τα μάτια σου.
"Έμεινε το γλυκό σου βλέμμα
- με κάποιες σκιές αγωνίας; -
και το δροσερό σου χείλι,
παλιάς ξεπτοιωσιάς υπόλοιπο
και αισιοδοξίας δείγμα.
Έμεινε ακόμα και το χάδι
του τρυφερού χεριού σου
- Κάτι σαν «έχε-γειά» -.
"Έμειναν εδώ όλα αυτά
για να μας ευτροφείσιν
έως την Άνοιξη.
Την Άνοιξη που ακολουθεί
τον μακρό Χειμώνα της Απουσίας σου.

~~~~~~

(Στις 25 του μηνός, κλείνουν 19 χρόνια που έφυγες)

20.1.2001

Τώρα, που τα 19 χρόνια έγιναν 22 και διανύω
το 23ο, βρήκα αυτό το σημείωμα - κλάμα σκαλίζοντας
τα "χαρτιά" μου. Αποφάσισα να στο στείλω - μιά
και απευθύνεται σε σένα - για να με θυμάσαι. Και
να θυμάται την Απουσία σου, την οριστική και καθοριστική.

ΠΟΛΥΧΡΟΝΗ ΚΑΙ ΕΥΤΥΧΙΣΜΕΝΗ "Εχε γειά

- Αποφεύγω, όπως ίσως ξέρεις, να γυρίζω στα παληά,
για να μην πονέσω και άλλο. Όμως σήμερα ξανα-
γύρισα και σκάλισα παλιές πληγές. Το Χριστουγεν-
νιάτικο δέντρο απέναντί μου κατάφωτο (το άναψε
η μαμά σου, που τώρα ετοιμάζει το γλυκό (σου)
στην κουζίνα) Στο γραφείο που κάθομαι, δίπλα μου,
η φωτογραφία σου των 18 χρόνων, χαμογελά αιχ-
μιχρμένη με την ανάμνηση της εξόρμησης; Έτσι, ξανα-
γύρισα. Σκάλισα παλιά χαρτιά και βρήκα αυτό.

Προσευχή για Σένα κορούλα μου

Κάθε Πρωΐ είναι μια Προσευχή για σένα
για σένα μιλάω με τον Θεό,
τον Ουρανό κοιτάζοντας βαθειά
και προσπαθώντας
στα μέρη εκείνα να βρεθώ
που η παρουσία σου αγιάζει.

Κάθε Πρωΐ ένα αφιέρωμα σ΄εσένα
για σένα μιλάω με τα πράγματα
τ΄άδειου σπιτιού μας
που κοντεύει να στοιχειώσει,

τα πράγματα που σε γνωρίζουν
και σ΄αγαπούν και σε προσμένουν

όσο κι᾽ εγώ

Έτσι σε ξαναφέρνουνε ανάμεσά μας

Κάθε Πρωΐ μου είν᾽ ένας λυγμός για σένα,
είναι ένα κλάμμα
πότε σιωπηλό και πότε ακράτητο…

Μπροστά στα εικονίσματά σου τ᾽ ατίμητα
νιώθω πόσο μικρός είμαι μακρυά σου.

Καρδιά και Νους

Μη μου ζητάτε με το Νού
να κυβερνήσω την Καρδιά μου!

Καρδιά μου, τι λένε αυτοί;
Πώς γίνεται στο αίμα σου
που πύρινο κυλάει,
γεμίζοντας με ζέστη
κάθε αυλάκι και γωνιά,
να ρίξω –λένε- πάγο;

Έτσι –λένε- δεν θα πονάς.
Μα είν' δυνατό, η καρδιά μου
δίχως αίμα, με πάγο μόνο
να χτυπά;

Χύνοντας δάκρυα...

Κορούλα μου, κλαίω συχνά για σένα.
Αυτό το ξέρεις.
Και ρωτιέσαι, σίγουρα, γιατί
αφού δική σου επιθυμία μεγάλη ήταν
στα ξένα να βρεθής.

Κι᾽ εγώ πολλές φορές ρωτιέμαι το γιατί.
Καθώς γνωρίζεις θέλω πάντα να μαθαίνω
την αιτία για κάθε τι που κάνω
ή που μου γίνεται.

Και να τι βρήκα,
όσο γίνεται ανασκαλίζοντας
μέσα στο βάθος της ψυχής μου.

Βέβαια κλαίω

- αυτό ήταν εύκολο να το βρω –

γιατί σε έχασα από τα μάτια μου

από την καθημερινή μου τη ζωή.

Γιατί δεν νοιώθω

τη γλυκειά σου παρουσία

το χάδι της φωνούλας σου

τη βελουδένια σου ματιά

το κρυσταλλένιο γέλιο.

Γιατί μοίρα πικρή με έκανε

να στερηθώ στα γηρατειά μου

τη μόνη μου παρηγοριά

στην άνοστη ζωή μου.

Όμως δεν κλαίω μόνο γι᾽ αυτό.

Συχνά, ίσως τις πιο πολλές φορές,

για σένα κλαίω γλυκειά μου.

Γιατί έχω την ένοχη αίσθηση,

πως μ' όλη την αγάπη μου για σένα,

ή εξαιτίας της,

αδύνατο εστάθη

την φαντασία σου την τρυφερή,

από παιδιάστικα όνειρα κι' ιδέες βιβλίων

να τηνέ γαληνέψω.

Να τηνε ρίξω απαλά

σε πράσινους λειμώνες δροσερούς,

να τηνε οδηγήσω σταθερά

μέσα σε δρόμους ανοιχτούς, πλατιούς

με άνεση να τρέξη,

να χαρή και να δημιουργήση

ό,τι η ψυχή σου η πλούσια

θα μπορούσε…

Μόνο την άφησα, ανήμπορος,

να κρέμεται, αιωρούμενη,

στο όνειρο –το θολό-

κάποιας αγάπης παιδικής

ιδανικής, όπως στα παραμύθια,

και μιάς ζωής «αλλοιώτικης»

φανταστικής.

Που θάπρεπε να ξέρω – ως και ήξερα-

πως μένει πάντα ένα Όνειρο

της πρώτης μας της Νειότης

και πως σ᾽αυτό δε γίνεται

να χτίσωμε ολόκληρη Ζωή.

Και βγήκες

–έτσι άπειρη, αδύναμη κι᾽ ανυποφίαστη –

αφωπλισμένη θάλεγα

μέσα στο άγνωστο

να συναντήσεις το Όνειρο – γίνεται ; -

μέσα στους κρύους, αδιάφορους,

κακούς και αλαζόνες,

παλεύοντας με άρνηση, υποκρισία

και εκμετάλλευση,

μέσα σ' ομίχλη αξεδιάλυτη

να συναντήσεις το Όνειρο – γίνεται ; -

Να γιατί κλαίω τις πιο πολλές φορές.

Γιατί αισθάνομαι υπεύθυνος και ένοχος

για όλη σου τη κούραση

για κάθε σου αγωνία

για κάθε δάκρυ σου πικρό

για κάθε εμπόδιο

για κάθε αποτυχία

που θα μπορούσαν νάλειπαν, αν…

Αν, τι;

Ναι, θα το ειπώ,

Αν ήμουνα πιο Άξιος Οδηγός σου.

ΛΟΥΛΟΥΔΙ · ΜΟΥ ΜΟΝΑΔΙΚΟ.

Ερωτική απογοήτευση

Πώς να σε πείσω καρδιά που μένεις
προσκολλημένη στο όνειρό σου;
με ποια λόγια μπορείς να δεχτής
ό,τι δεν συμφωνεί μ' αυτό;

Τι να σου ειπώ που να μη σε ματώνει;
χωρίς να λέω ψέμματα;
πώς γίνεται να σβήσει από τη μνήμη
αυτό που ήτανε για σε αλήθεια;

Τα μεγάλα λόγια, οι τρυφερές στιγμές,
το πάθος και τα κλάμματα
κι' οι άλλες εκδηλώσεις
της μεγάλης αγάπης;

Η ίδια η Ζωή σου, τα Νειάτα σου,

κι' ο Χρόνος μιλούν καλύτερα,

καρδούλα,

θα σε πείσουν:

Πως τ' όνειρο που τελείωσε,

δεν είν' το τελευταίο,

ούτε το πι' όμορφο.

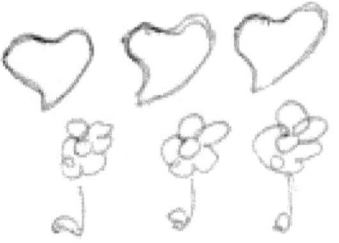

Ζήλεια και Φθόνος

Ζηλέψανε κοριτσάκι μου,
φθονήσανε μωρό μου
την αγάπη μας.

Φθονήσανε που σε
κρατούσα από το φαρφουρένιο το χεράκι.

Ζηλέψανε
που όλο κοντά μου βρισκόσουν.

Ζηλέψανε που μ΄ έβριζες τρυφερά.

Ζηλέψανε που έλειπες
κι΄ εγώ πετούσα

για την αγάπη σου και
δεν πίστευα ό,τι μούλεγαν…

Ζηλέψανε που ήμουν ευτυχής να έχω
Μια κόρη να μ᾽αγαπά όσο εσύ.

Ζηλέψανε που με τόση χαρά σούγραφα,
σου ετοίμαζα τα πακέτα.

Ζηλέψανε τα λουλούδια πούβαλα
στο παράθυρό σου.

Ζηλέψανε που δεν με τρόμαζε ένα
ταξείδι μες᾽το χειμώνα στη Γερμανία.
Ζηλέψανε, Ζηλέψανε, τα πάντα…

Νοέμβριος 1998, για την Όλγα

Αχνό όραμα έγινε η μορφή σου πιά
και φευγαλέα ηχώ το γέλιο σου.
Όνειρο μακρινό, άπιαστο, το χάδι σου.
Τα μάτια σου, άστρα που τρεμοσβήνουν
δακρυσμένα στο σκοτεινό ουρανό —
γεμάτα, θάλεγες, φόβο
που βρέθηκαν τόσο μακρυά μου,
μακρυά απ᾽ ότι αγάπησες…

Μάτια που αγάπησα πολύ
και κοιτάζοντάς σας βαθειά
αγαλλίαση ένοιωσα, πόθο,
τρυφερότητα, ανησυχία.
Πού χαθήκατε; γιατί;

Νησάκια άσπρα μέσ' στο μπλέ

τ᾿ ουρανού και της θάλασσας

που γεμίζατε δροσιά, χαρά

κι᾿ αγάπη την ψυχή μου,

πού νάστε τώρα;

Δύση του ήλιου λαμπρή, κόκκινη,

λιμανάκια, δενδροστοιχίες,

δρόμοι, τριαντάφυλλα, μυρωδιές

γαζίας και πασχαλιάς,

τραγούδια με κιθάρα και ακορντεόν,

χέρια τρυφερά, όνειρα, ελπίδες.

Γιατί χαθήκατε; πού;

Κοιτάζω, χωρίς να σας βλέπω πια.

Μόνον αχνές, θολές αναμνήσεις…

Μόνο με σένα

Όταν από της κάθε μέρας τον αγώνα
έρχεται η κόπωση
να παραλύση
τη σκέψη και τη θέληση

Όταν απ᾽ την ανθρώπινη κακία
νοιώθω μικρός κι᾽ αδύνατος
και θέλω να κρυφτώ, αηδιασμένος

Όταν από της κάθε αρρώστιας το κακό
σκοντάφτω στον ανήφορο
που πήρα
μες το λιοπύρι το ανήλεο

Τότε το χέρι Σου, το χαμόγελο,
η φωνή Σου
γίνονται ανάπαυση, καταφύγιο
και δροσιά.

Μα κι ᾿όταν πάλι το δέντρο
της προσπάθειας
καρπίσει κι ᾿ικανοποίηση έρθει
μικρή ή μεγάλη, αληθινή ή ψεύτρα

Σαν το λιοπύρι γίνεται αύρα
κι ᾿ο ανήφορος
εξώστης
που βλέπει στη γαλανή τη θάλασσα

Σαν η χαρά κι ᾿η δύναμη γεμίζουν
σώμα και ψυχή

Τότε πάλι στα πόδια σου αποθέτω

τον καρπό

και τη χαρά σε σένα την προσφέρω,

γιατί μόνο με σε η θάλασσα είναι γαλανή,

μόνο με σένα η αύρα δροσερή,

μόνο κοντά σου η ζωή μου πλέρια.

Όνειρο

Σαν όνειρο, πάλι, φαντάζει μέσα μου
η παρουσία Σου εδώ, κοντά μου.
Είδα στον ύπνο μου – νομίζω τώρα –
το προσωπάκι το γλυκό.

Σαν κάπου –λέει- να πηγαίναμε
περίπατο,
μέσα στη νύχτα κουβεντιάζοντας,
τον ίδιο ανοιξιάτικο αέρα,
με τις γλυκές τις μυρωδιές, εισπνέοντας…

και σαν να σ᾽ είδα
στη βεράντα μας να κάθεσαι
μαζύ μου πίνοντας καφέ

και γλυκοκουβεντιάζοντας
στου «δύοντος ηλίου» τη θαλπωρή.

Σάμπως μεσ' στο σαλόνι μας
- στο βελουδένιο καναπέ- εξάπλωσες
ίσως και στης κουζίνας το τραπέζι
κάθησες και μ' ευχαρίστηση έφαγες.

Σαν να κατέβηκες στον κήπο μας
σα νάχεις μπή και στ' αυτοκίνητο
κι' ήσουν μαζύ μου στην Πεντέλη,
στο Σχοινιά…

Κι' όλα αυτά, τώρα, μοιάζουν
μ' ένα «σαν»
πούχει περάσει κι' έφυγε πέρα

μαζύ με τη φωνούλα, τα ματάκια
και των χεριών σου το γλυκό το άγγιγμα.

Νάμαι πάλι τ' απόγευμα
μέσα στο έρημο – πώς σκοτείνιασε!-
το σπίτι μόνος.

Φωτογραφίες κοιτώντας,
τ' άρωμα σου – που πλανιέται ακόμα-
νοιώθοντας
και με το βλέμμα μου
χαϊδεύοντας τα πράγματα όλα,
που πίσω σου,
μ' ανεμελιά χαριτωμένη
να καρτερούν μαζύ μου,
άφησες.

Εφημερίδες ξένες απ᾽ το ταξείδι
το μαξιλάρι σου στο κρεβατάκι
που για τρείς νύχτες
είχε πάλι ζωντανέψει.

Εχλώμιασε πάλι το σπίτι μας,
όλα ασκήμυναν ξανά.

Τι θλιβερή που είναι η ταπετσαρία…,
αυτή που χτές το βράδυ έλαμπε
-προχτές ακόμα πιο πολύ-

Άστρωτο το κρεβατάκι σου ακόμα
σαν εγύρισα…

Αλλαγή

Πώς άλλαξε το χρώμα της ζωής μου!...
Πώς άλλαξεν η κάθε μια της ώρα!...
Πώς έχασα απ᾽ τα μάτια μου
ότι πολύ αγαπούσα…,
ότι χαρά μου έδινε…

Πώς άδειασε το σπίτι μου
Πώς άδειασε η ψυχή μου
Πώς έμεινα εδώ να βλέπω πράγματα,
που μου μιλούν μόνο για σένα;

Δεν ήτανε για με μια τέτοια εξέλιξη,
για με που τόσα χρόνια έζησα
με την καρδιά μονάχα…

Ή ήτανε;

Γιατί θαρρώ

στη μάχη της καρδιάς με το Εγώ

ήταν που νίκησε εύκολα η πρώτη.

Κι 'ο ηττημένος τώρα κλαίει…

Απώλεια

Ξέρω,
φοβούμαι θάλεγα,
ότι για πάντα σ᾽ έχασα.

Πως τη γλυκειά σου παρουσία,
μόνη πηγή χαράς για με,
δεν πρόκειται ποτέ να νοιώσω
στη ζωή μου σαν και πρίν.

Κι᾽ όμως –
περνώ τις μέρες μου
τρέφοντας στην καρδιά μου
την Ελπίδα.

Την τρέφω με Όνειρο
θολό και εύθραυστο.

Η Ελπίδα μου,
λυμφατική κι᾽ αδύναμη,
αργοπεθαίνει.

Μάχεται όμως ασταμάτητα.

Θέλει να με κρατήσει στη Ζωή.

Περιμένοντας…., τι άραγε;

Στο κρεββάτι, απέναντί μου,
επάνω στη ντουλάπα,
πόσα ζωάκια ακουμπισμένα…
μέσα σε πλαστικές σακούλες τυλιγμένα,
μένουνε περιμένοντας…
Τι άραγε;

Κάποτε ήταν ζωντανά… Ναι, βέβαια…
Είχαν ονόματα και κάποιο ρόλο…
Ακούγανε… και παίζανε… γελούσαν…

Μαζύ κι' όλες οι άλλες κούκλες
που κι' αυτές
-άλαλες τώρα κι' άψυχες-

τα συντροφεύουνε, μεσ' τις σακούλες…
εκεί στην ξύλινη οροφή.

Εσείς ζωάκια μου, κουκλίτσες άψυχες,
κι' εγώ,
το ίδιο ήμαστε, να ξέρετε…
Ναι, ναι, πιστέψτε με, αλήθεια λέω.

Κι' εγώ – όπως κι' εσείς-
έμεινα περιμένοντας…

Τι άραγε;

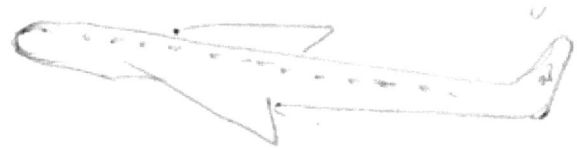

ΣΤΗΝ ΟΛΓΑ ΜΟΥ

Στό τέλος —τώρα— ἐκατάλαβα
πώς μέ τά λόγια μόνο
δέν γίνεται ή καρδιά νά σοῦ εἰπῶ.
Πρέπει νά βάλω τό χέρι σου
ἐπάνω στήν καρδιά μου·
πρέπει ν' ἀφήσεις τή ματιά σου
μέσ' ἀπ' τά μάτια τά δικά μου
νά περάσει.
Κι ἔτσι θά μπεῖς ἐκεῖ μέσα μου
—στό αἷμα καί στήν καρδιά μου—
νά ζεῖ πάντα ὀνομένη τήν Ἠλέκτρα σου
τήν πιό καλή, ἰδανική καί ὄμορφη,
νά βασιλέψει Παποκεφτέρα,
ἀπόλυτη ἀρχόντισσα τοῦ λογισμοῦ
τῆς θέλησης καί τῆς ζωῆς μου.
Τότε, θά καταλάβει πόσο σ' ἀγαπῶ.
Τότε θά καταλάβεις ἤ θά εἰπεῖ
Ἐσύ εἶσαι ἐγώ. Γιά πάντα.

ΣΤΗΝ ΟΛΓΑ ΜΟΥ

Στο τέλος – τώρα – εκατάλαβα
πως με τα λόγια μόνο
δεν γίνεται
τι νιώθω να σου ειπώ.

Πρέπει να βάλης το χεράκι σου
επάνω στην καρδιά μου,
πρέπει ν᾽ αφήσεις τη ματιά σου
μεσ᾽ απ᾽ τα μάτια τα δικά μου
να περάσει.

Κι᾽ εισδύοντας εκείθε μέσα μου
-στο αίμα και στα κύτταρά μου –
να ιδή παντού στημένη την Εικόνα σου

την πιο καλή, ιδανική και ώμορφη,

να βασιλεύει Παντοκράτειρα,

απόλυτη αρχόντισσα

του Λογισμού της Θέλησης

και της Ζωής μου.

Τότε θα καταλάβεις

πόσο σ' αγαπώ.

Τότε θα καταλάβεις

τι θα ειπεί

Εσύ είσαι εγώ.

Για πάντα.

As Time Goes by

Κάθε στιγμή που περνά με παίρνει
μακρυά σου –

μακρυά από τις ώρες

που μέσα στα χέρια μου

τα δικά σου χέρια κρατούσα…

Η ίδια στιγμή που περνά

με φέρνει κοντά σου-

κοντά στις ώρες που τα βλέμματά μας

θα σμίξουν με ήρεμη λατρεία,

στις ώρες που οι καρδιές μας

θα τραγουδάν.

Χρόνε που φεύγεις, δεν ξέρω αν πρέπει

να σε μισώ, ή να σε λατρεύω…

Με το τραίνο, κάθε Τρίτη, νοσταλγώ, δίχως ζήλεια…

Στο τραίνο, κάθε Τρίτη, συναντώ
γονείς με τα παιδιά τους.
Τα κοριτσάκια πάντα τα προσέχω,
πόσο γλυκά και τρυφερά
κρατούν τα χέρια των γονιών τους.
Πώς τους κοιτάζουνε…
πώς τους μιλάνε…
πώς κάθονται κοντά τους στριμωγμένα
νοιώθοντας ασφαλή
μέσα σε τόσο και ποικίλο κόσμο.

Κοιτάζω τα παιδάκια μεσ᾽ τα μάτια,
όταν εκείνα βέβαια δεν με κοιτούν.

Το βλέμμα μου μένει εκεί σταματημένο,
ακίνητο…
Και πάει πέρα, πέρα απ᾽ το παιδί,
σ᾽ άλλους καιρούς… - πότε ήταν;

Κάποιο χεράκι τρυφερό, μέσα
στο χέρι μου κλεινόταν
και μια καρδούλα έπαλλε
στον ίδιο ρυθμό με την δική μου,
δίνοντας χρώμα, νόημα, χαρά,
περιεχόμενο στην άχαρη
μονότονη ζωή μου.

Αυτά, σ᾽ άλλους καιρούς…
- Χτες ήταν ή όνειρο;
Τώρα κοιτώ τους άλλους…

- Δεν ζηλεύω.

Προσέχω μόνον, να μη γίνη αντιληπτό,

πώς πίσω από τα γυαλιά μου,

τα μάτια μου είναι πάντα υγρά.

ΛΟΥΛΟΥΔΑΚΙ ΜΟΥ
ΓΛΥΚΟ
ΠΟΣΟ - ΠΟΣΟ Σ'ΑΓΑΠΩ;

ΑΠΟ ΤΟ ΝΑΥΠΛΙΟ
(ΜΠΟΥΡΤΖΙ)
ΜΕ ΑΓΑΠΗ

Το Γνωμοδοτικό της 5ης Ιουνίου 1979

Κάθε Τρίτη απόγευμα
«μετέχω Συμβουλίου».
Ένα τραπέζι και γύρω πολυθρόνες
σ΄ ένα γραφείο του 5ου ορόφου.

Εκεί, επτά «ανώτατοι»
μαζεύονται για θέματα ρουτίνας
«γνωμοδοτούν» πάνω σ΄αυτά
και φεύγουνε αλλήλους χαιρετώντας,
λέγοντας και τους «τίτλους» των:
«κύριε σύμβουλε», «κύριε καθηγητά»…

Μοιάζουν ευχαριστημένοι π΄αξιώθηκαν
τους τίτλους και την αναγνώριση –

και ίσως να έχουνε και δίκηο.

Σαν φύγουν όμως και, στρίβοντας
απ᾽ τη γωνιά της Μητροπόλεως,
μείνουνε μόνοι, νοιώθουνε άραγε
-όπως εγώ- πως κρίμα ήτανε
να μαζευτή τόση «σοφία»
για ζήτημα που γίνονταν
-τις περισσότερες φορές-
μόνος, ένας «κατώτερος» να λύση;

(Γραμμένο στην Ολομέλεια του Ελεγκτικού Συνεδρίου, καθόσον ο Γραμματεύς διαβάζει τα πρακτικά της 30ης-5-79)

Χωρίς καμμία Τιμή

Όταν τους ψεύτες
τους δεχόμαστε με τιμές
αντί να τους γυρίζομε την πλάτη

Όταν οι υποκριτές
υψώνονται στην ψυχή μας
αντί να δεχτούν φανερή την επιτίμηση

Όταν θεωρούμε φίλους
όσους με σαδισμό και φθόνο
μας μαχαιρώνουν από πίσω

Όταν μπορούμε να γελάμε τη στιγμή
της περισυλλογής και της αυτοκριτικής…

Ποιος μπορεί να σώση τους ανθρώπους

από το βρωμερό έλος που τους αρέσει

να χώνονται κάθε μέρα βαθύτερα;

ως πού να σαπίσουν;

Και ποιος μπορεί να ειπή

πως φταίνε

οι ψεύτες και οι υποκριτές

και όχι οι άλλοι,

οι δειλοί,

που προσκυνούν

με τις δουλικές τους ψυχές,

που δειλά αποφεύγουν μια μάχη;

- όχι μόνο για Υψηλές Ιδέες,

μα ούτε και για την ίδια την Τιμή τους…

WHO IS WHO

Ο σκύλος πήγαινε μπροστά μου,
με το ρυθμικό του γρήγορο βήμα
πάνω στα ψηλά λιγνά του πόδια
από το ένα πεζοδρόμιο στο άλλο,
σταυρώνοντας τον δρόμο
και ψάχνοντας για τροφή.
Τον ακολουθούσα.

Στη γωνιά ένας γεροδεμένος οικοδόμος
έτρωγε καθισμένος στο πεζούλι.
Φώναξε το σκύλο. Κάτι του πέταξε
κι΄ αυτός έτρεξε κουνώντας την ουρά του.
Χάρηκα για τα καλά αισθήματα
του χορτασμένου.

Ξαφνικά,

μόλις ο σκύλος έσκυψε στο φαΐ,

μια κλωτσιά τον έκανε να

ουρλιάξη και να πηδήξη πίσω

σε μένα που ερχόμουν.

Σχεδόν με ακούμπησε

και παραμέρισα για να φύγη.

Με κοίταξε με τα μεγάλα

θλιμμένα μάτια του, γεμάτα απορία.

Κι᾽ απομακρύνθηκε τρέχοντας.

Ο οικοδόμος γελούσε…

Κορίτσια του Λαού

Κορίτσια νεαρά, κορίτσια ταπεινά,
παιδιά του Λαού,
παιδιά κάποιας ακραίας συνοικίας,
που απ᾽ το ξημέρωμα μοχθείτε
στα τραίνα, τα λεωφορεία,
στις στάσεις και τις φάμπρικες…

Κορίτσια με τη χαρά στα μάτια,
με το πλατύ γέλιο στο στόμα
και τη φροντίδα της βιοπάλης γραμμένη
σε μια ρυτίδα του μετώπου σας.

Κορίτσια που μέσα σε φορέματα από τσίτι
«φιλοκαλείτε μετ᾽ ευτελείας»

με ψεύτικα κοσμήματα, φτηνά αρώματα,

κι' οντυλασιόν σε κάποιον

«Ζάν» ή «Ζώρζ».

Κορίτσια με τις απλές εκφράσεις σας

που καθρεφτίζουν

την ανόθευτη ψυχή σας,

με τις ανεπιτήδευτες κινήσεις σας,

τις άκομψες, μα τόσο αληθινές…

Χαίρομαι όταν σας συναντώ

- συνήθως στον Ηλεκτρικό –

 Αληθινά αγάλλομαι,

νοιώθω να ξανανιώνω

και να γυρίζω

στα παιδικά μου πάλι χρόνια…,

σαν – τάχα αδιάφορος –
τις δροσερές σας τις φωνές
ακούω με απληστία,

όταν τις ανθρώπινες, αγνές σας
σκέψεις κι᾽ επιθυμίες
– χωρίς πολλή προσπάθεια –
μαντεύω:
τις ελπίδες, τους πόθους, τα όνειρα…

και για της Ευτυχίας σας
την Απλότητα
ζηλεύω!

Ξένοι... Πρόσφυγες...

Ξανθό, όμορφο παλληκάρι
με το ακορντεόν...
Στης ξένης πολιτείας
τους δρόμους γυρνάς
σκορπίζοντας την νοσταλγία,
δίνοντας χαρά κι' ελπίδα
στις αποξεραμένες μας καρδιές,
με τις γλυκές τις μελωδίες
του παληού καιρού...

Ποιος άνεμος σ' έρριξε τάχα εδώ
ξερριζωμένο από του τόπου σου
τους δρόμους, τις γωνιές, τους κήπους,
τα χιόνια, τις βροχές,

μακρυά από ότι αγάπησες,

ξένο ανάμεσα σε ξένους;

Τι νοιώθεις άραγε όταν κάποιος

προβάλλει με χαρά κι᾽ αγάπη,

της μουσικής σου τους ήχους να γευτεί,

να ταξιδέψει κι᾽ αυτός μαζύ της

σε άλλους τόπους, σε άλλες εποχές;

Πρόσφυγας ίσως κι᾽ αυτός

στον ίδιο του τον τόπο.

Ξένος και Πρόσφυγας

σε κοινωνία στεγνή,

χωρίς καρδιά, χωρίς ακορντεόν…

Πώς ήταν δυνατό;

Και βέβαια να τ' αναμένω έπρεπε.

Σαν μια ζωή αρχίζει
-σαν τη δική μου –
στου άγριου πολέμου μέσα τη φωτιά.

Σαν προχωρεί με χάσιμο
πατέρα και μητέρας.

Σαν στο χαμόγελο και την αγάπη
που προσφέρει,
παίρνει αντάλλαγμα
υποκρισία, φθόνο και απάτη,
όταν της αλληλεγγύης, της ανθρωπιάς,

και της καλωσύνης μου,

εκμετάλλευση γίνεται με πρόγραμμα,

που και το καλημέρα λογαριάζει

στο όποιο «συμφέρο» …

Πώς ήταν δυνατό…

Με τέτοιο Άστρο-Οδηγό

σε τέτοια απελπισία

να μη φτάσω;

Πώς ήταν δυνατό;

Εγώ να χαίρομαι συζυγική

στοργή και αφοσίωση;

Συζυγική Αυταπάτη

Συχνά –και γρήγορα-
έρχεται η μέρα
που οι τοίχοι
του Παλατιού της Αυταπάτης
πούχτισες μ᾽ επιμέλεια κι᾽ επιμονή,
για να καθησυχάσεις
την αμφιβολία και το φόβο,
καταρρέουν
- σαν κάθε τι ψεύτικο-.

Και μεσ᾽ απ᾽ τα ερείπια
ξαναδείχνει
το άσκημό της πρόσωπο
η Αλήθεια –

αυτή η Αλήθεια
που την ήξερες απ᾽ την αρχή,
αυτή που θέλησες
να κρύψης απ᾽ τα μάτια σου
μέσα στο ψεύτικο Παλάτι.

Εσύ την ξαναβλέπεις
με αηδία.

Και χτίζεις πάλι
σιγά-σιγά
μια άλλη Αυταπάτη.

Για να ζήσεις.

Ψεύτικες Υποσχέσεις

Μέσα από μια σκισμένη σελίδα του χτες
πέρασαν δυό μάτια, ένα χαμόγελο…
Και λόγια, ειπωμένα με πάθος
και με πεισματική επιμονή
που γέννησαν το όνειρο
μιας καινούργιας γαλανής σελίδας.

Το όνειρο γεμάτο καλοκαιρινή αχλή,
έδιωξε την επιφύλαξη
και ταξείδεψε στον κόσμο της ελπίδας.

Ύστερα, η αχλή διαλύθηκε
στην αρχή σιγά,
κατόπιν απότομα.

Στην καρδιά απόμεινε

η πίκρα και η απορία.

Σε κάποια γωνιά φάνηκε η απελπισία.

Siffler en marchant,
mains dans les poches

Ξαφνικά, κει που πήγαινε σφυρίζοντας
με τα χέρια στις τσέπες
σίγουρος για το πού βγάζει ο δρόμος…
κατάλαβε την παγίδα, το αδιέξοδο…

Προσπάθησε ν᾽ ανοίξη πέρασμα
απ᾽ ένα φράχτη – πήδηξε…
έπεσε κάτω, μάτωσαν τα χέρια…

Η καρδιά του χτυπούσε.
Δεν γίνεται,
έπρεπε ν᾽ ανοίξη δρόμο οπωσδήποτε…

Αλλοιώς…
Τί αλλοιώς; ρωτήθηκε
καθώς το βλέμμα του
ανήσυχα εξέταζε τριγύρω.
Τί αλλοιώς; - Τίποτα.

Ο δρόμος προς τα πίσω
ήταν πάντα ανοιχτός.
Εγύρισε την πλάτη,
έβαλε τα χέρια στις τσέπες του
και βάλθηκε να σφυρίζει περπατώντας
στα γνώριμα φιλικά του λημέρια.

Σκέπτονταν μόνο
πως άδικα τόσο πολύ περπάτησε…
με τόση αγωνία…

ΧΑΜΟΓΕΛΩΝΤΑΣ ΣΤΟ ΟΝΕΙΡΟ

Και βέβαια, όλα θα περάσουν…
Τα βάσανα… οι φροντίδες…
οι τόσες μου ευθύνες για σπίτι,
για παιδιά…

Έτσι σκεπτόταν – για παρηγοριά –
ο εργάτης, καθώς, χωρίς καρδιά,
απλώς από συνήθεια,
έσκαβε στο μακρύ χαντάκι…

Χωμένος μέσα, δυό μέτρα βάθος,
κόντευε, χρόνια τώρα, να πιστέψη,
ένα χαντάκι πως είναι ο κόσμος,
μακρύ… ατέλειωτο…

Αυτό που δούλευε εκείνος

δεν ήταν δα και τόσο άσκημο…

Έβλεπε ουρανό σαν σήκωνε κεφάλι,

καμμιά φορά και Ήλιο

και πόδια που δρασκέλιζαν το στένωμα

και χάνονταν…

Άκουγε και φωνές παιδιών

που παίζανε τριγύρω –

δεν είναι λίγο αυτό…

Ζούσε, λοιπόν, κι' αυτός με κάποιο τρόπο

και θάρχονταν ημέρα – σίγουρα –

καλύτερα να ζήση,

δουλεύοντας σε πιο φαρδύ χαντάκι

– ή, πού το ξέρεις;

ίσως κι' αρχιμάστορας
τους άλλους να ορίζει –
πάνω, ψηλά, να κάθεται
έξω από το χαντάκι,
να βλέπει κόσμο να περνά,
παιδιά, γυναίκες, άντρες,
να στρίβη το τσιγάρο του,
να πίνη το κρασί του,
αφού και μεροκάματο πιότερο
θα του δίναν…

Μ' αυτές τις αισιόδοξες τις σκέψεις
περνούσε κείνη την ημέρα του
και ξέχναγε τον κόπο…

Μα, ξάφνου, το χαντάκι πιο
σκοτεινό εγίνηκε. Σα Νύχτα.

Και πιο βαθύ…

Πηγάδι άπατο…

Ο εργάτης έμεινε εκεί,

Χαμογελώντας στο όνειρο…………….

ΧΑΜΟΓΕΛΩΝΤΑΣ ΣΤΟ ΟΝΕΙΡΟ...

Και βέβαια, όλα θα περάσουν...
Τα φάσανα... οι φροντίδες...
οι τόσες μου έγδοτες για σπίτι, για παιδιά...
Έτσι σκεπτόταν -για παρηγοριά- ο εργάτης,
καθώς, χωρίς καρδιά, απλώς από συνήθεια,
έσκαβε στο μακρύ χαντάκι...

Χωμένος μέσα, δυο μέτρα βάθος,
κόντεσε, χρόνια τώρα, να πιστέψη,
ένα χαντάκι πώς είναι ο κόσμος,
μακρύ... ατέλειωτο...

Αυτό που δούλευε εκείνος
δεν ήταν δα και τόσο άσκημο..
Έβλεπε ουρανό σαν σήκωνε κεφάλι,
Καμμιά φορά και Ήλιο
και πόδια που δρασκέλιζαν
το στένεμα και χάνονταν...
Άκουγε και φωνές παιδιών
που παίζανε τριγύρω.
δεν είναι λίγο αυτό...
Ζούσε, λοιπόν, κι αυτός με κάποιο τρόπο

καὶ θἄκρωταν ἥμερα - οἰγοκρα-
καλύπρα τὸ ὄχον,
δουλεύοντας σὲ πιὸ φαιδρὸ
σὲ πιὸ ριχὸ χαντάκι - ἦ, ποὺ τὸ ξέρεις;
γοῦς κ' ἀρχιμάστορας ποὺ
ἄλλου τὸ ὁρίζει.
Πάνω, ψηλά, νὰ κάθεται
ἔξω ἀπ'τὸ χαντάκι,
νὰ βλέπει κόσμο νὰ περνᾶ,
παιδιά, γυναῖκες, ἄντρες,
νὰ ὀρτάη τὸ ψημϊ του,
νὰ πίη τὸ κρασί του, ἀλλοῦ καὶ
μεροκάμων πότερο θὰ τοῦ δίνων...
Μ' αὐτὸ τὸ αἰσιόδοξες τὸ συλλέψις
πέρασε κείνη τὴν ἥμερα του
καὶ ξέχασε τὸ κόπο...
Μὰ ξάφνου, τὸ χαντάκι πιὸ
βαθειὸ ἔριψε. Ξὰ Νύχτα.
Καὶ πιὸ βαθὺ... Πηγάδι ἄπατο...
Ὁ ἐργάτης ἔμεινε ἐκεῖ, χαμογελώντας
στὸ ὄνειρο.....

Σημειώσεις

Σπέτσες, καλοκαίρι 1929,

- με την μητέρα, την Όλγα,

πέντε χρόνια προ του θανάτου της…

Ένα δρομάκι δίπλα στη θάλασσα. Δεξιά μου ένας τοίχος ξηρολιθιά με φραγκοσυκιές πολλές. Η θάλασσα λίγα μέτρα αριστερά.

Είναι μεσημέρι. Πολύ μεσημέρι. Ο ήλιος κατακόρυφος σχεδόν δίνει φως, τόσο φως που η θάλασσα γεμίζει άπειρα φωτάκια που χορεύουν μαζύ με το κυματάκι που χαϊδεύει τα βότσαλα, τα ζωντανεύει – χίλια χρώματα - και αποσύρεται διακριτικά.

Ο αέρας μυρίζει εξοχή κοντά σε θάλασσα. Δεν έμαθα ποτέ, ποιο είναι το φυτό που δίνει την χαρακτηριστική μυρωδιά. Τα φραγκόσυκα είναι σχεδόν κόκκινα! Ώριμα λένε, αλλά ποτέ δεν έφαγα. Κάτι ανάμεσα σε επιφύλαξη από τ' αγκάθια και την σιχαμάρα από το κιτρινωπό περιεχόμενο.

Σκόνη στο δρόμο. Πρέπει να περνούν κάρα από εκεί. Το μαρτυρούν οι γραμμές στο δρόμο χαραγμένες και των ζώων τα περιττώματα.

Ησυχία απέραντη. Χανόμουν μέσα εκεί μ' ένα ευχάριστο αίσθημα ειρηνικής μοναξιάς, μιας θαλπωρής γλυκειάς, που τύλιγε την ψυχή μου. Χαμένος, ευτυχισμένος, ζεστός, ανάλαφρος. Μόλις 10 ετών, στις τότε Σπέτσες.

Πάλι μεσημέρι καυτό. Πάλι στις Σπέτσες. Στην Κουνουπίτσα. Ψηλά στο σπίτι που νοικιάζουμε. Μπροστά, στο χαγιάτι να περιβάλλεται από πολύχρονα δειλινά. Και μέσα στη ζέστη και την απόλυτη ησυχία ο βόμβος των μελισσών που πετούσε γύρω από τα λουλούδια. Ξαπλωμένος στο χαγιάτι πάνω σε μια κουρελού πολύχρωμη, ταξίδευα.

Ο «Κεραυνός» μόλις είχε μπει στο λιμάνι. Και ξαφνικά την ησυχία έσκισε η χλαπαταγή της αλυσίδας που ξετυλίγονταν και το πάφλασμα στα ήσυχα νερά της άγκυρας. Έπειτα πάλι η απέραντη ησυχία. Και το ταξείδι μου μέσα στα ελάχιστα συννεφάκια συνεχίστηκε. Ήμουν 10 χρονών.

Σαλαμίνα, Φανερωμένη,
καλοκαίρι 1934

Παρόμοια ησυχία, παρόμοια κατάσταση. Μεσημέρι πάλι γύρω στις δυόμιση στη Φανερωμένη της Σαλαμίνας, 1934, κατασκήνωση της ΧΑΝ.

Μια μικρή ξύλινη εξεδρούλα χαμηλή για να αράζουν βάρκες. Ησυχία – ανάπαυση μετά το μεσημεριανό. Ξαπλωμένος μπρούμυτα στα ζεστά και λίγο υγρά ξύλα της εξεδρούλας, με τον ήλιο και το ανάλαφρο, σχεδόν ανεπαίσθητο αεράκι να μου χαϊδεύουν την πλάτη, κοιτάζοντας κάτω, ανάμεσα από τα αραιά σανίδια, τη ζωή μέσα στη θάλασσα. Καβουράκια, γαρίδες μικρές, ψαράκια, να τρέχουν όλα μέσα στα βραχάκια, στις τρύπες και μικρά φύκια.

Η ίδια μυρωδιά της εξοχής, μα πιο ανάμικτη τώρα με μυρωδιά θάλασσας, καθαρής.

Πάλι έννοιωθα χαμένος, μόνος μέσα στη θαλπωρή του λαμπρού ήλιου και της καθαρής ζεστής θάλασσας. Όμως δεν έννοιωθα πια ασφάλεια και ευτυχία…

Το μυαλό μου έτρεχε στη χαμένη πριν τρεις μήνες, αγαπημένη μητέρα. Δεν έκλαιγα – όμως η καρδιά μου δεν μπορούσε να ξεχαστή. Τώρα η απέραντη μοναξιά εκτεινόταν έξω από το τοπίο. Έννοιωθα κάποια στιγμή ζήλεια για τα ψαράκια που είχαν κοντά τους τη μάνα τους. - Μοναξιά και στη ζωή λοιπόν.

Γύρισα ανάσκελα και βλέποντας τον γαλανό ουρανό βυθίστηκα σ᾽ αυτόν, προσπαθώντας να συναντήσω την μάνα μου…

Ψυχή...

από την κόρη Όλγα στον μπαμπά J.

Πώς άραγε να έφυγε η ψυχούλα σου
απ' το σώμα σου το εξασθενημένο,
απ' τα χείλη σου, που λίγο πριν ακόμη
μαζί μου μιλούσαν στο τηλέφωνο;

Τι άραγε να σκέφτηκες
την στερνή σου στιγμή;
Τι πήρες για τελευταία εικόνα μαζί σου;
Τον φοίνικα, το πεύκο, την ελιά,
την λατρεμένη κόρη σου με την φωνή της
και τις ατέρμονες έγνοιες της;

Ή μήπως τον ήλιο τον λαμπρό
με την γαλάζια θάλασσα που αγαπούσες;

Δεν θα το μάθουμε, γενναίε, ποτέ.
Όπως, ίσως δεν μάθουμε ποτέ, το γιατί.
Γιατί αυτό **«έ π ρ ε π ε»** να γίνει –
και για χάρη τίνος.

Για το κορμί σου που βασανιζόταν;
Ή για τα ειδεχθή υποκείμενα
συμφερόντων σκοτεινών;

Ας είναι αλαφρύ το χώμα
που σε σκέπασε,
κι᾽ ας κλάψει η Σμύρνη τον καρπό της,
τον Άνθρωπο, την γενναία Ψυχή,
που φωλιάζει πάλι στην αγκαλιά της.

ΓΕΙΑ ΣΟΥ ΚΑΙ ΧΑΡΑ ΣΟΥ ΑΓΑΠΗΜΕΝΗ ΜΑΣ

ΠΟΛΛΗ -ΠΟΛΛΗ ΑΓΑΠΗ ΠΟΛΛΑ ΓΛΥΚΑ ΦΙΛΙΑ

ΚΑΛΗΝ ΑΝΤΑΜΩΣΗ

Ο ΔΙΚΟΣ ΣΟΥ

Νά χαμήλωναν τά βουνά
νά 'βλεπα τήν Οὐψάλα
νά 'βλεπα τήν Ὀλγούλα μου
κι ἄς λείπαν ὅλα τᾶλλα